Das ist unsere Erde

Leonie Pratt
Gestaltung: Zöe Wray

Illustrationen: Andy Tudor, Tim Haggerty

Fachberatung: Dr. Gillian Foulger, Department of Earth Sciences, Durham University

Lesedidaktische Beratung: Alison Kelly, Roehampton University

Inhalt

Neptun

Uranus

Saturn

Unser Planet

Wir leben auf der Erde, einem der acht
Planeten, die um die Sonne kreisen.

Jupiter

Mars

Venus

Erde

Merkur

Man geht davon aus,
dass es nur auf unserem
Planeten Leben gibt.

Sonne

Heimat Erde

Auf der Erde gibt es Lebewesen,
weil es hier Wärme, Luft und Wasser
in der richtigen Mischung gibt.

Die Sonne hält unseren
Planeten warm, es ist
aber auch nicht zu heiß.

Alle Lebewesen –
Menschen, Tiere und
Pflanzen – brauchen Luft
zum Atmen.

Mehr als die Hälfte der Erde ist mit
Wasser bedeckt. Alle Lebewesen
brauchen Wasser.

Tief im Inneren der Erde befindet sich der Erdkern. Er ist glühend heiß.

Um den Kern herum liegt der Erdmantel. Das Gestein, das diesen Mantel bildet, ist so heiß, dass es zähflüssig ist.

Auf dem Mantel liegt eine dünne Schicht festes Gestein, die Erdkruste.

In Bewegung

Die Erdkruste besteht aus vielen Platten.

Wie ein Puzzle bedecken diese Platten die Erde.

Die Platten bewegen sich sehr, sehr langsam.

Die Stellen, wo Platten aufeinandertreffen, sind die Plattengrenzen.

Die Platten können aneinander vorbei-gleiten, aber auch aneinanderstoßen und sich sogar verkanten und verhaken.

Plattengrenze

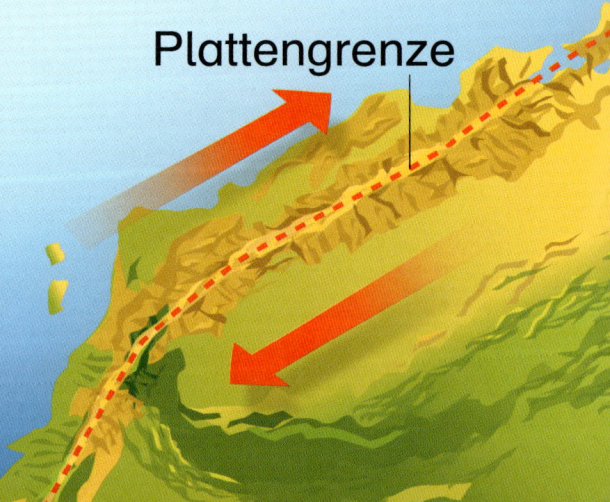

Wenn sich die Platten verkanten, entsteht
Spannung. Das Land bebt und bricht auf.
Das nennt man ein Erdbeben.

Heftige Erdbeben können Häuser
zerstören und Straßen aufreißen.

Sogar auf dem Mond gibt es Erdbeben.
Man nennt sie aber Mondbeben.

Gebirge

Wenn sich die Erdplatten gegeneinander-
bewegen und übereinanderschieben,
wird an manchen Stellen das Land
zu einem Gebirge hochgeschoben.

Dieses Bild zeigt die Alpen in Europa.
Sie sind in vielen Millionen Jahren so
hoch geworden.

Manche Gebirge, wie zum
Beispiel der Himalaja,
werden jedes Jahr größer.

Auf hohen
Berggipfeln liegt
immer Schnee, weil
es dort oben kalt ist.

Bergziegen
brauchen darum ein
dickes Fell.

Vulkane

Heißes Gestein aus dem Erdmantel
kann durch Ritzen in der Erdkruste
an die Oberfläche kommen.
Ein Vulkan entsteht.

Hier bricht
ein Vulkan
aus.

Das heiße
Gestein, das
herausfließt,
heißt Lava.

Manche Menschen
auf Hawaii glauben,
dass die Feuergöttin
in einem der Vulkane
auf der Insel lebt.

Es gibt verschiedene Arten von
Vulkanausbrüchen.

Heftige Eruptionen
schleudern Asche und
Gas hoch in die Luft.

Manchmal spucken
Vulkane Klumpen
heißer, klebriger
Lava aus.

Manche Vulkane sprühen
flüssige Lava aus einem
langen Spalt in der Erde.

Fester Boden

Alles Land der Erde besteht aus Gestein.
Es gibt drei Hauptarten von Gesteinen.

Metamorphes Gestein entsteht unter
der Erdkruste, wo es sehr heiß ist und
großer Druck herrscht.

Magmatisches Gestein ist
an der Luft abgekühlte Lava.

Edelsteine wie Diamanten, Rubine
und Smaragde findet man im Gestein.

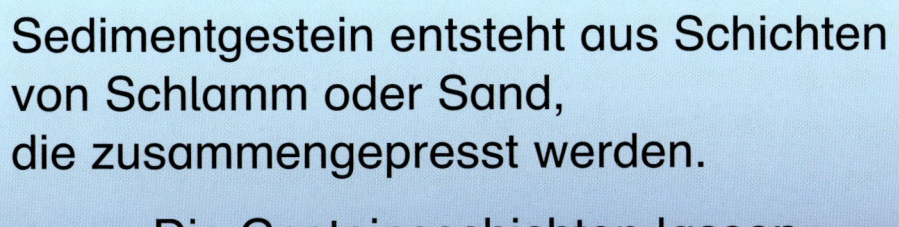

Sedimentgestein entsteht aus Schichten
von Schlamm oder Sand,
die zusammengepresst werden.

Die Gesteinsschichten lassen
diese Felsen wie gestreift
aussehen.

Flüsse

Wenn es in den Bergen regnet oder schneit, kann das harte Gestein nicht alles Wasser aufsaugen.

Wasser fließt in einem kleinen Bach aus den Höhenlagen nach unten.

Viele Bäche fließen zusammen. Aus ihnen wird ein großer Fluss.

Der Fluss fließt weiter bergab bis ins Meer.

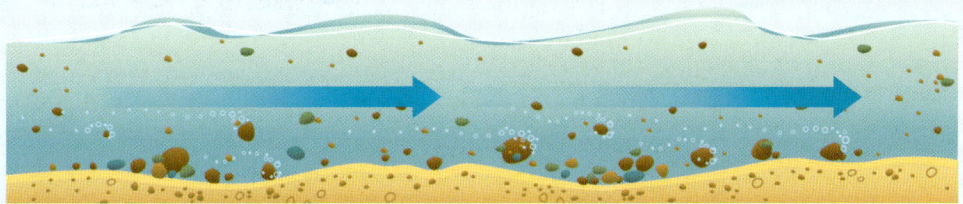

Ein schnell fließender Fluss reißt viele
Steine und Kiesel aus dem Flussbett mit.

Wenn der Fluss langsamer wird, sinken die
schweren Steine nach unten, die Kiesel
werden weitergetrieben.

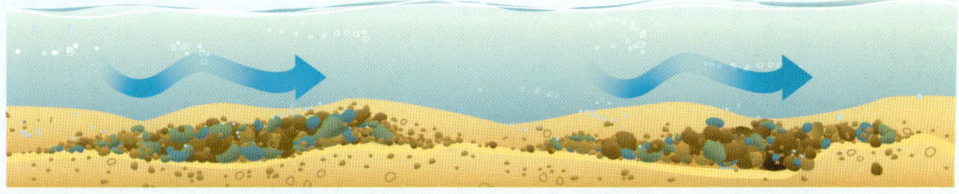

Wenn der Fluss sich dem Meer nähert,
wird er so langsam, dass fast alles Gestein
auf den Flussboden absinkt.

Der Nil in Afrika ist der längste
Fluss der Welt. Man kann ihn
sogar aus dem Weltraum sehen.

Ein Tal entsteht

Flüsse verändern das Land, durch das sie fließen.

Ein Fluss trägt auf seiner Reise Steine und Erde mit sich.

Die Steine poltern über das Flussbett und graben eine Kerbe in das Land.

Über viele Jahre hinweg schneidet der Fluss ein Tal in den Boden.

Das ist der Grand Canyon in Amerika.
Ein Fluss, der Colorado River, grub über
Millionen Jahre diese tiefe Schlucht
in das Land.

Höhlen unter der Erde

Nicht alle Flüsse fließen über Land –
manche fließen unter der Erde.
Unterirdische Flüsse können Gestein
abtragen und so Höhlen bilden.

Stalaktiten hängen
von der Höhlendecke.

Stalagmiten wachsen
aus dem Boden.

Stalaktiten und Stalagmiten
entstehen im Lauf der
Jahrtausende aus winzigen
Gesteinsstückchen. Sie
gelangen durch tropfendes
Wasser in die Höhle.

In manchen Höhlen gibt es
jahrtausendealte
Felsmalereien.

Eiskalt

Ein Teil des Wassers auf der Erde gefriert für einen großen Teil des Jahres zu Eis.

Die Antarktis ist der kälteste Ort der Welt.

Das Land ist von **Schnee** bedeckt, und Eisberge und Eisschollen schwimmen im Wasser.

1. Eis breitet sich vom Land aus und schwimmt im Wasser.

2. Das Wasser bewegt sich, und das Eis bekommt Risse.

20

In der Antarktis wird es im Winter so kalt, dass sogar das Meer gefriert.

3. Der Riss wird größer, bis ein Stück Eis abbricht.

4. Der Eisberg schwimmt im Meer davon.

Küsten

An der Küste treffen Land und Meer aufeinander.

Sand besteht aus zerriebenen Muscheln und Gestein. Das Meer mahlt Gesteinsstücke in winzige Körnchen, die dann an Land gespült werden.

Wellen schlagen gegen eine Klippe und tragen Gestein ab. Ein Gesteinsbogen entsteht.

Der Bogen bricht ein, und eine Gesteinssäule bleibt im Wasser stehen.

Das ist eine solche Säule.

An manchen Stränden ist der Sand schwarz. Er entsteht aus vulkanischem Gestein.

Tiefe Wasser

Ozeane und Meere bedecken mehr als die Hälfte der Erde. Sie sind voller Leben.

Viele Lebewesen leben nahe der Oberfläche. Hier ist es hell, und das Wasser ist warm.

Tiefer unten ist es dunkler und kälter. Hier gibt es weniger Leben.

Pottwale tauchen weit in die Tiefe auf der Suche nach Tintenfischen.

Wissenschaftler benutzen Unterseeboote, um tief ins Meer zu tauchen und den Meeresboden zu erforschen.

Manche Tiefseefische leuchten im Dunkeln. So locken sie ihre Beute an.

Wüsten

Wüsten sind die trockensten Orte der Welt. Hier fällt wenig Regen, und das Land ist trocken und staubig.

Die Sahara in Afrika ist eine der größten Wüsten der Welt.

1. Sogar in den Wüsten gibt es unter der Erde Wasser, das Grundwasser.

2. Wasser staut sich über längere Zeit auf. Eine Quelle entsteht.

Wüstentiere bleiben tagsüber unter der Erde. Nachts kommen sie heraus und suchen Futter.

3. Pflanzen wachsen in ihrer Nähe. Das nennt man eine Oase.

4. Reisende in der Wüste rasten oft an Oasen.

Rekorde weltweit

Die Erde ist ein erstaunlicher Ort.

Grönland ist die größte Insel der Welt.

Nord-amerika

Der Salto Angel in Venezuela ist der höchste Wasserfall der Welt. Er ist 978 Meter hoch.

Süd-amerika

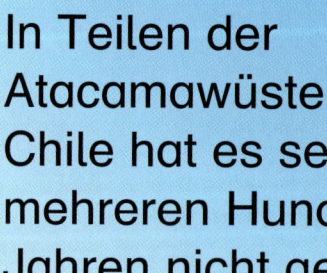

In Teilen der Atacamawüste in Chile hat es seit mehreren Hundert Jahren nicht geregnet.

Der Mount Everest
ist der höchste Berg
der Erde. Er ist
8.850 Meter hoch.

Der Marianengraben
ist ungefähr 11.000
Meter tief.

Europa

Russland

China

Indien

Afrika

Australien

Die Antarktis ist der kälteste
Ort der Erde – einmal
wurden dort -89 Grad
gemessen.

Wichtige Begriffe

Einige Wörter in diesem Buch sind bestimmt neu für dich. Hier erfährst du, was sie bedeuten.

 Plattengrenze – Hier treffen sich zwei Platten der Erdkruste.

 Eruption – Das ist eine andere Bezeichnung für Vulkanausbruch.

 Lava – Glühend heißes Gestein, das aus einem Vulkan fließt.

 Metamorphes Gestein – Steine, die sich durch Druck und Hitze verändern.

 Eisberg – Ein großes Stück Eis, das auf dem Wasser schwimmt.

 Wüste – Ein Ort an dem es sehr wenig regnet und sehr trocken ist.

 Oase – Eine Quelle in einer Wüste.

Das Internet

Interessante Seiten findest du am einfachsten mithilfe einer Suchmaschine wie www.google.de oder www.yahoo.de.

Sicherheit im Internet

– Frag einen Erwachsenen um Erlaubnis, bevor du ins Internet gehst.

– Gib im Internet nie deinen vollen Namen, deine Adresse oder Telefonnummer an. Frag einen Erwachsenen, ob du deine E-Mail-Adresse angeben darfst.

– Wenn du dich auf einer Internetseite anmelden willst, bitte erst einen Erwachsenen um Erlaubnis.

– Wenn du eine E-Mail von einer unbekannten Person erhältst, öffne sie nicht und beantworte sie nicht. Sag einem Erwachsenen Bescheid!

Diese Felsen befinden sich im Monument Valley in Amerika.

Suchwörter

ISBN 978-3-401-70294-0

2. Auflage 2012

© Arena Verlag GmbH, Würzburg 2009

Alle Rechte für die deutsche Ausgabe vorbehalten

Übersetzung: Roswitha Blessing

www.arena-verlag.de

Die Originalausgabe erschien 2007 unter dem Titel „Planet Earth" bei Usborne Publishing Ltd., Usborne House, 83-85 Saffron Hill, London EC1N 8 RT, England, www.usborne.com

Copyright © Usborne Publishing Ltd. 2007

Zusätzliche Gestaltung von Helen Wood und Erica Harrison. Landkarte auf Seite 28–20 von Craig Asquith, European Map Graphics Ltd. Bildbearbeitung von John Russell

Bildnachweis: © BRUCE COLEMAN INC./Alamy cover; © Digital Vision 31; © Frans Lemmens/zefa/Corbis 26–27; © Gabe Palmer/CORBIS 1; © Henry Westheim Photography/Alamy 7; © image broker/Alamy 18–19; © Jim Sugar/Corbis 10; © Joel Simon/Digital Vision 20–21; © Joseph Sohm/Visions of America/Corbis 13; © Marc Garanger/CORBIS 8–9; © Michael Howard/Alamy 22–23; © NASA 2–3, 5; © Photo by Rod Catanach, Woods Hole Oceanographic Institution 25; © Ron Watts/CORBIS 17

Sachwissen für Erstleser

Pferde und Ponys
978-3-401-70030-4

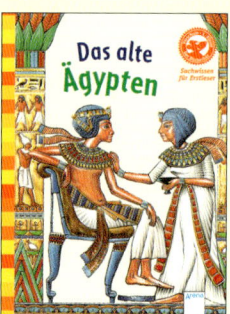

Das alte Ägypten
978-3-401-70102-8

Von Rittern und Burgen
978-3-401-70101-1

Meerestiere
978-3-401-70029-8

Jeder Band: Ab 5/6 Jahren • Sachwissen für Erstleser • Durchgehend farbig illustriert
32 Seiten • Gebunden • Format 15,3 x 20,5 cm

Mit Bücherbärfigur am Lesebändchen

Sehr einfache Textgliederung

Große Fibelschrift und kurze Zeilen

Viele farbige Bilder

In der Herde

Pferde sind nicht gern allein. In der Herde fühlen sie sich sicher und geborgen.

In freier Wildbahn müssen sich die Pferde vor Raubtieren in Acht nehmen.

Eines der Pferde hat ein Raubtier entdeckt und flieht. Die ganze Herde folgt ihm.

In der Herde leben vor allem weibliche Tiere. Das sind die Stuten.

Eine der Stuten führt die Herde an. In der Herde gibt es auch ein männliches Pferd: den Hengst. Er bildet die Nachhut.

Pferde und Ponys sind keine Einzelgänger.

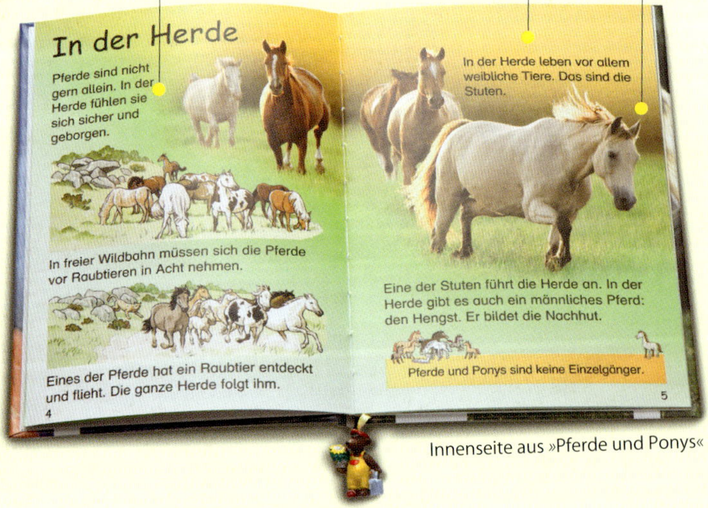

Innenseite aus »Pferde und Ponys«

Diese Reihe greift ein erfolgreiches lesedidaktisches Konzept auf:
Spannendes Wissen wird durch einfache Texte vermittelt. Alle Sachthemen
sind eindrucksvoll gestaltet und in großer Schrift aufbereitet.

In Zusammenarbeit mit
westermann